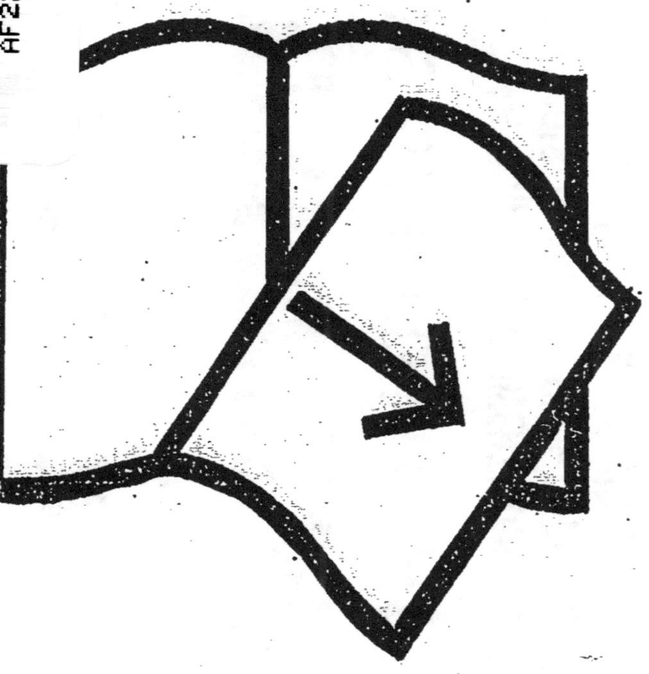

Couverture inférieure manquante

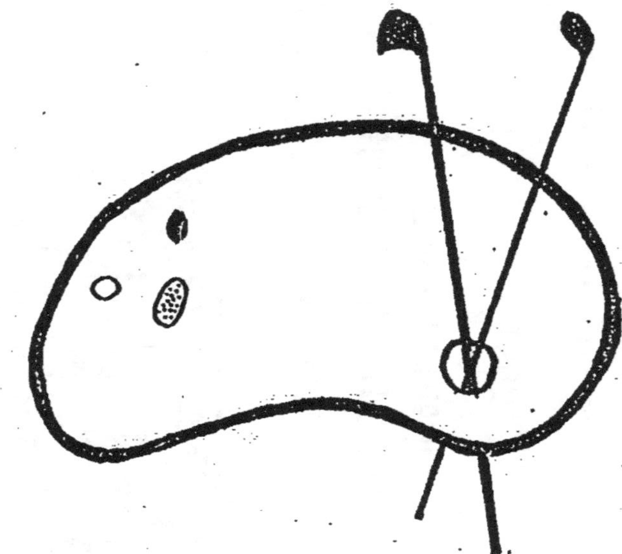

DEBUT D'UNE SERIE DE DOCUMENTS
EN COULEUR

NOTICE

SUR LE

COUVENT

DE SAINT-MICHEL

DES FRÈRES MINEURS COUVENTUELS DE SAINT-FRANÇOIS-D'ASSISE, DITS CORDELIERS DE LA VILLE DE VIRE,

PAR M. F. CAZIN.

VIRE,

IMPRIMERIE DE HENRI BARBOT,
Rue Saint-Thomas, 2.

1865.

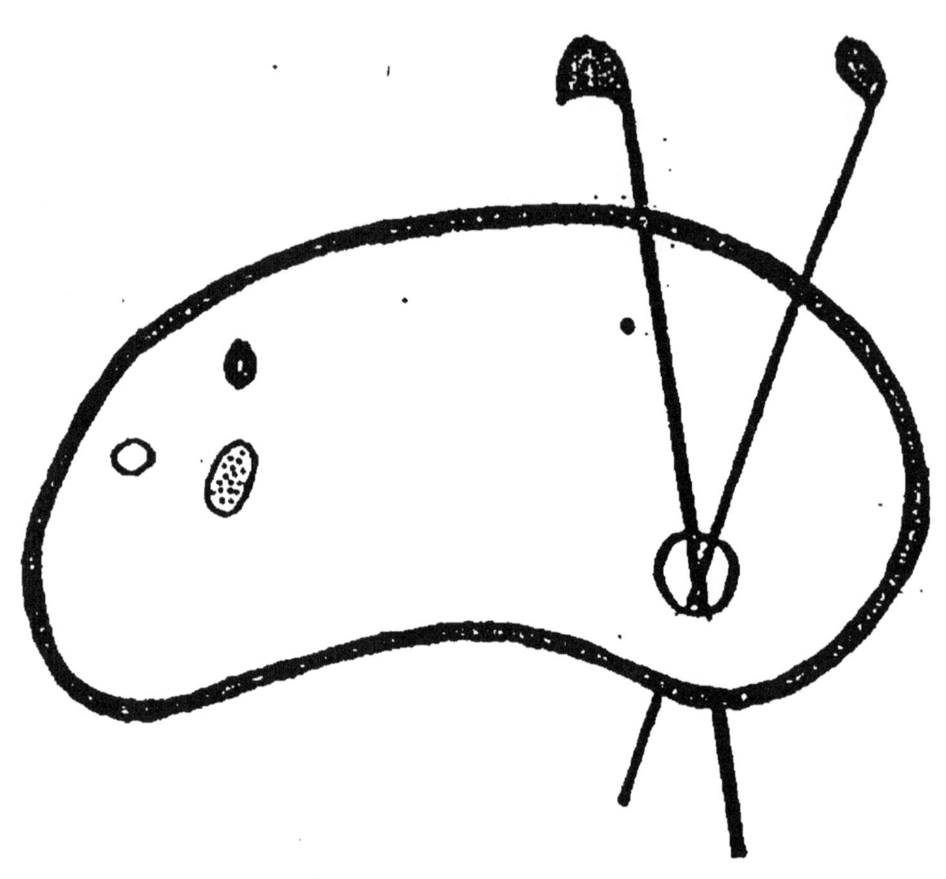

FIN D'UNE SERIE DE DOCUMENTS
EN COULEUR

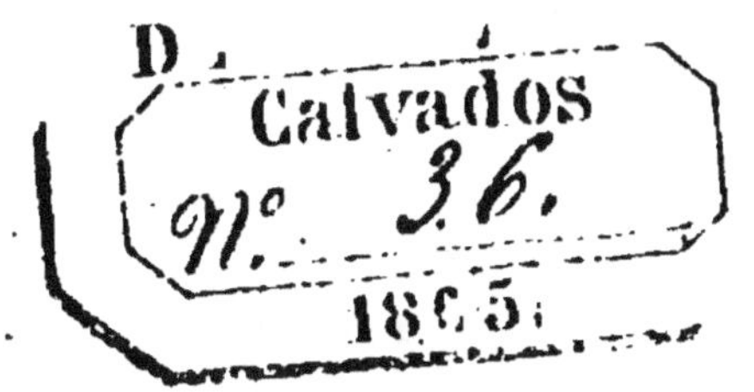

NOTICE

SUR

LE COUVENT

DE SAINT-MICHEL

NOTICE

SUR

LE COUVENT

DE SAINT-MICHEL

DES FRÈRES MINEURS COUVENTUELS DE SAINT-FRANÇOIS-D'ASSISE, DITS CORDELIERS DE LA VILLE DE VIRE,

PAR M. F. CAZIN.

« Cette communauté religieuse, après avoir été longtemps une charmante habitation bourgeoise, est revenue à sa première destination.
(Vire en 1880, feuilleton du *Virois*, 1846.)

VIRE,

IMPRIMERIE DE HENRI BARBOT,

Rue Saint-Thomas, 2.

—

1865.

Les archives de la maison de Dourdeaux, à Coulonces, possédaient — un registre en vélin, d'une écriture très-nette et fort correcte — comprenant les généalogies de cette maison et la copie d'un acte passé, le 7 octobre 1553, devant Pierre Collardin, garde des sceaux des obligations de la ville de Vire, dans lequel il est dit que — François Le Payüre et François Le Chassey, tabellions de Vire, — ont témoigné, relaté, avoir vu, tenu et lu, mot après l'autre, une lettre écrite en parchemin, saine et entière en signe et écriture, à la date du 15 septembre 1491, par laquelle Jean Legendie, garde du scel des obligations de la vicomté de Vire, fait savoir que — devant Gilles Berthe et Michel Pierre, tabellions, noble homme Thomas de Bourdeaux et demoiselle Jeanne Le Bège, son épouse, autorisée et se faisant fort pour son fils, Jean Doisnel, ont donné en perpétuel don et aumosne, aux religieux frères Cordeliers d'ordre de monsieur Saint-François, dit de l'Observance, et à leurs successeurs, — une terre nommée le Champ à Lulay, contenant environ quatre acres de terre, en la paroisse Notre-Dame de Vire, entre le chemin de Vire à la fontaine des Vaux, la commune des Vaux, nommée Palix ; d'un bout au jardin Lemontays, au jardin Guillard, à la maisonnette au Seillier, d'autre bout à Jean Emery et aux hoirs Feriere — à la condition qu'eux donateurs seraient ensépulturés dans le monastère que les Cordeliers éleveraient sur ce terrain, et qu'ils seraient, eux, leurs antécesseurs et leurs hoirs, participants aux prières et oraisons qui y seraient faites.

Le père Vading, cordelier irlandais, qui a écrit les annales de l'ordre, dit que ce couvent a été bâti en dix années et que l'église, dédiée à Saint-Michel, ne fut consacrée que le 20 mai de l'an

1500, par Guillaume, évêque de Porphyre, délégué par René de Prie, évêque de Bayeux.

Le couvent des Cordeliers se composait de trois corps de bâtiments qui, avec l'église, enfermaient une grande cour carrée autour de laquelle régnait le cloître. Leurs murs n'avaient à l'extérieur que quelques ouvertures fort étroites, plus semblables à des meurtrières qu'à des croisées. Une seule entrée, fermée de deux portes massives et l'épaisseur des murs, lui donnaient l'apparence d'une forteresse. Son isolement et son éloignement des remparts de la ville et du château, le souvenir des dévastations dont la Normandie avait tant souffert au siècle précédent, conseillèrent probablement ces précautions contre un coup de main de la part des bandes de pillards engendrées par la misère du peuple à la fin du XVe siècle.

A son origine, la prospérité du couvent des Cordeliers fut rapide, mais elle fut de courte durée. Les guerres de religion lui portèrent bientôt de cruelles atteintes.

Lorsque la Reforme envahit la ville, les Cordeliers, prédicateurs ardents, lui opposèrent une vive résistance et la combattèrent avec un zèle et un courage qui excitèrent contre eux la haine des protestants et leurs vengeances chaque fois que, vainqueurs, ils pénétrèrent dans la ville.

Jusqu'en 1562, les deux partis, catholique et protestant, à peu près égaux en nombre et en force, vivaient en paix, par crainte l'un de l'autre, et si, parfois, quelques désordres occasionnés par des disputes entre les plus ardents avaient troublé la tranquillité publique, la prudence et l'énergie des magistrats étaient toujours parvenues à les apaiser. Il n'en fut pas ainsi le 17 mai de ladite année 1562. C'était le jour de la fête de la Pentecôte. Les catholiques remplissaient l'église Notre-Dame. Tout à coup, les protestants se répandent en armes dans la ville ; ils abattent les images et les statues des saints dans les rues et dans les chapelles ; ils veullent assaillir Notre-Dame ; mais les catholiques s'y sont solidement barricadés ; ils se portent alors sur le couvent des Cordeliers, qu'ils trouvent trop bien défendu par ses murs et ses moines pour pouvoir y pénétrer.

Matignon, chef des catholiques, en Normandie,

informé de ces désordres, accourt à Vire ; mais, ne recevant aucune plainte de la part des catholiques retenus par la crainte de la vengeance des protestants dont le nombre s'était considérablement augmenté depuis quelques mois, il se retire, laissant aux deux partis des conseils de paix.

Quelques jours après, Montgommery, chef du parti de la réforme dans la province, arrive à Vire.

Apprenant que les Cordeliers sont armés et prétendent se défendre dans leur couvent, il les fait sommer d'ouvrir leurs portes et de livrer leurs armes. Sur leur refus, il ordonne le siége du monastère.

Quand ses soldats y arrivèrent, avec des échelles et des haches, ils trouvèrent les portes ouvertes.

Les Cordeliers avaient jugé prudent de se sauver. Leur maison fut dévastée, ainsi que Notre-Dame. — « Montgommery se fit apporter les » reliques se montant au poids de 45 marcs » d'argent qui furent ouvertes devant le peuple,

» afin que chacun connût les impostures de ceux
» qui les faisaient adorer; puis, ayant fait pres-
» cher dans le grand temple et, après avoir fait
» promettre aux uns et aux autres de se con-
» tenir en paix, il se retira dans sa maison de
» Ducey..... (1) »

Les catholiques ne tinrent nul compte de ces
conseils. Irrités de ce qui s'était passé, ils réso-
lurent d'en tirer vengeance. Deux jours après le
départ de Montgommery, le 31 juillet, au moment
où ceux de la reforme sortaient du presche dans
Notre-Dame, devenue leur temple, ils furent
assaillis par les catholiques qui en tuèrent plusieurs avec barbarie. Leur ministre, nommé Fu-
geroy, n'échappa qu'à grande peine et alla se
cacher dans un grenier loin de là. Quelques-uns
parvinrent à se réfugier au couvent abandonné
des Cordeliers et s'y barricadèrent.

Les catholiques, honteux des excès auxquels
ils s'étaient portés, ou effrayés de leurs consé-

(1) *Histoire ecclésiastique des églises réformées de
France.*
* Montgommery, grand et raide jeune homme, tient toute
la Normandie en subjection; il bat monnoye à Tombe-
laine avec l'or des églises. (Brantome.)

quences, se contentèrent de faire leur montre-d'armes, le 2 août suivant, et de chasser du couvent, sans leur faire aucun mal, les protestants qui s'y étaient refugiés.

Les choses ne se passèrent pas aussi paisiblement à la fin du même mois d'août.

Deux compagnies de 120 chevaux envoyées par Montgommery s'étant emparées de Vire par surprise, le duc d'Etampes accourut à la tête de douze compagnies pour les en chasser.

Après plusieurs tentatives sur différents points, les assiégeants pénétrèrent dans la ville par la Porte-Horloge, dont un habitant catholique abattit le pont-levis. Les protestants se refugièrent dans le château. Quelques-uns de leurs chefs voulant se rendre, firent ouvrir un guichet par lequel les catholiques se ruèrent. Le massacre devint général.

Le récit des atrocités commises alors par les vainqueurs, justifie ce qui est avancé par l'historien des églises réformées que nulle ville en France n'eut plus que Vire à souffrir des guerres de religion.

Les bretons de l'armée catholique, parmi lesquels étaient beaucoup de gens fort *mal complexionnés*, — ne quittèrent la ville, après quatre jours de meurtres et de pillages, que chargés de butin qu'ils avaient arraché aux protestants — et même à des catholiques, — en les soumettant aux plus horribles tortures. L'âge, le sexe, la condition, rien ne fut respecté. Grand nombre de femmes et de filles des plus honorables familles de la bourgeoisie et de la noblesse furent victimes des derniers outrages ou n'échappèrent à la brutalité des soldats qu'en leur abandonnant tout ce qu'elles avaient d'or et de bijoux.

— Trente-cinq ans auparavant, neuf mois après le sac de Rome par l'armée protestante du connétable de Bourbon, plus de cinq mille femmes, tant religieuses que filles et femmes mariées, accouchèrent dans la capitale du monde chrétien. Au nombre près, il en fut de même à Vire, neuf mois après le départ de l'armée catholique du duc d'Étampes....,

Comme on l'a vu souvent dans les troubles et les guerres civiles, les femmes de la lie du peuple rivalisèrent de férocité avec les plus cruels soldats. Elles se plaisaient à torturer ceux qui ne voulaient pas jurer d'aller à la messe et qui n'invoquaient que le nom de Jésus-Christ ; leur arrachaient les intestins, leurs coupaient les membres et les traînaient dans les ruisseaux.

Après le départ des bretons, la ville désolée, ruinée et épuisée de toute façon, ayant encore cent hommes de garnison, fut livrée aux gens de justice — qui, à l'instigation des prêtres et des *Cordeliers*, — fit pendre et brûler des protestants accusés d'avoir brisé des images et des statues dans les églises.

Certes, ce n'était pas la foi en la religion du Christ qui pouvait conseiller tous ces meurtres, animer des concitoyens, des parents, les uns contre les autres et les exciter à se combattre avec une barbarie dont les peuples les plus sauvages n'offrent pas d'exemples.... Et pourtant, c'était au nom de cette religion que la France se couvrait de bûchers et se noyait dans le sang.

Dans ce XVI° siècle, où une espèce de folie furieuse s'empara d'une partie de l'Europe, les sectes qui surgirent, en France et en Allemagne, prêchèrent la réforme et une nouvelle interpré-

tation des écritures, les armes à la main ; leurs moyens de persuasion furent les supplices —
— Calvin jette Servet au bûcher ; les Luthériens et les Anabaptistes, afin de se prouver mutuellement la préexcellence de leurs doctrines, se font une guerre à mort ; le brillant François Ier, allié aux protestants d'Allemagne, les fait brûler en France, pour amuser sa cour ; la reine Elisabeth s'enrichit des biens des dissidents qu'elle déporte ou fait pendre ; les Etats de Béarn, autorisés par Jeanne d'Albert, ordonnent d'assister au presche, sous peine de mort ; l'iconoclaste Knox brûle les missels, détruit des œuvres d'art, tableaux, statues, ornements des églises des catholiques, qu'il appelle des idolâtres....

Ces actes de vandalisme et d'une superstition barbare faisaient dire à de Thou, témoin et historien de cette affreuse époque de notre histoire : « Bientôt chercherons nous inutilement le règne » de Dieu parmi nous ; il ne subsistera plus que » dans un petit nombre d'hommes de bien qui » l'auront conservé par la douceur. »

Les Cordeliers étaient rentrés dans leur maison en 1563 et le nombre des protestants qui, avant

leurs désastres de l'année précédente, excédait à
Vire celui des catholiques, lui était devenu sans
doute bien inférieur alors, puisque nous voyons,
dans l'*Histoire des Eglises réformées de France*,
que le capitaine Laneuville, chargé par Matignon
de défendre la ville contre Montgommery, dans
les premiers jours de mars de ladite année 1563,
fit mettre hors des murs — tous ceux qui étaient
suspects de religion. — Cela ne l'empêcha pas
d'être prise d'assaut, et, par represailles, elle
aurait sans doute été, encore une fois, livrée au
pillage et à toutes les horreurs qui en étaient la
suite ordinaire dans cette affreuse guerre civile,
si Montgommery ne s'y était opposé... Il se con-
tenta de faire pendre un avocat, quelques prêtres
et cordeliers qui avaient excité les catholiques
contre les protestants et se retira, laissant pour
gouverner la ville le capitaine Gentilmesnil avec
cent soldats, qui la quittèrent cinq semaines
après, à la paix d'Ambroise (19 mars 1563).

Cette paix permit aux catholiques de réparer
leurs temples et leurs monastères entièrement
dépouillés et dévastés.

Cinq années n'avaient pas suffi à restaurer
Notre-Dame et, malgré tout le zèle de ses habi-

tants catholiques, stimulé par son clergé et par les cordeliers, ses autels étaient à peine regarnis et sa sacristie remeublée lorsque la guerre recommença.

Le 1er septembre 1568, sur les cinq heures du matin, Montgommery s'empara de Vire par surprise. — Il enleva ou détruisit généralement tout ce qui était dans les églises; il brûla l'église et le couvent des Cordeliers, après les avoir livrés au pillage; il fit mourir beaucoup d'ecclésiastiques et entr'autres cinq Cordeliers, dont le père Vading raconte ainsi la mort:

« Jean Brunet, prêtre et prédicateur, fut percé » à coups d'épée; Lemaignen, noble prêtre, » après avoir reçu plusieurs injures et avoir » souffert plusieurs et de très-grands tourments, » fut enfin étranglé; Pierre Josset, de Vire, fut » pendu; Guillaume de Grandmont, prêtre, après » avoir eu les oreilles et les mains coupées, fut » tué par plusieurs coups de cailloux; Jean Le- » mière, diacre, après avoir souffert plusieurs » railleries, fut percé au front d'une balle de » plomb d'un mousquet. »

En 1748, on découvrit dans un caveau, sous

l'autel de la chapelle de la salle des malades, à l'Hôtel-Dieu, les squelettes de ces cordeliers. Ils furent transférés en grandes pompe et cérémonie dans le cimetière Sainte-Anne et inhumés devant la porte de l'église, à l'endroit même où ils avaient été suppliciés.

Les Cordeliers les considéraient comme martyrs et, jusqu'à la révolution, tous les ans, le 1er septembre, ils allaient en procession à leurs tombeaux.

« Montgommery agit ainsi, dit le père Vading,
» parce que les Cordeliers avaient battu les Cal-
» vinistes ; parce qu'ils avaient dit qu'il fallait se
» préserver de leur doctrine comme d'une peste
» et de leurs ministres comme de Satan... Il
» brûla les reliques et livra à des usages profanes
» les vases sacrés d'or et d'argent ; — mais ceux
» qui s'en étaient servi furent punis, car tous
» périrent par la faim, l'épée ou la corde, et
» Montgommery lui-même, eut la tête tranchée
» à Paris. »

Le couvent des Cordeliers se releva bientôt de ses ruines. Trente de ses religieux survivants, avec l'aide de leurs frères et les secours de personnes pieuses, entreprirent sa reconstruction.

On voyait encore sur une poutre de l'église, lors de sa destruction, à l'époque de la révolution, cette inscription en lettres gothiques :

> L'an mil cinq cent soixante-huit,
> Ce temple fut détruit.
> L'an suivant que l'on dit onze,
> Langevin le rétablit.

Ce Langevin était un charpentier, ainsi qu'il est dit dans les anciens comptes de Notre-Dame de Vire.

Le Protestantisme, que la plus grande partie des habitants de Vire avaient professé pendant un certain temps, était à peu près éteint en 1577 et ne s'exerçait plus que dans les faubourgs. Il avait entièrement disparu à la révocation de l'édit de Nantes.

Les Cordeliers, ses redoutables ennemis, avaient puissamment contribué à ce résultat par leurs prédications ; ils prouvèrent même dans une circonstance, qu'ils étaient disposés à faire usage pour le combattre d'autres armes que celles de la parole.

Au mois d'octobre 1688, le bruit se répandit tout à coup à Vire, que le prince d'Orange allait débarquer sur nos côtes à la tête d'une armée de protestants comptant grand nombre de ceux qui avaient quitté la France, que ceux de la province se soulevaient ; qu'ils étaient rassemblés au château de Chaulieu et allaient marcher sur Vire.

Le péril semblait d'autant plus grand que, par ordre de Matignon, deux cents Virois des plus valides s'étaient joints à une compagnie de 150 Mousquetaires noirs, envoyés par le Roi à La Hogue pour s'opposer à ce débarquement ; que ces deux cents citoyens avaient emporté les meilleures armes et que le gouverneur, de Sarcilly, était parti avec eux.

La frayeur était extrême dans la ville ; elle donna lieu à des scènes tragi-comiques dont le récit, fait par l'historien des Églises réformées de France, paraîtrait incroyable, si l'on ne pouvait les attribuer à la crainte du retour des atrocités commises, dans les guerres de religion, au siècle précédent. — Hommes, femmes et enfants, fuyaient sur tous les points, semant la terreur partout où ils passaient, en disant que tout était à feu et à sang dans les quartiers qu'ils quittaient..... Une dame prit un prêtre à la gorge pour le forcer à lui donner l'absolution au milieu de la rue ; une autre voulait contraindre un cordelier à écouter sa confession, bien qu'il lui représentât qu'il était sourd et qu'il n'était pas dans les ordres..... Des prêtres excitaient les habitants à s'armer et à combattre disant qu'il fallait vaincre ou mourir..... Ce fut alors que les Cordeliers, armés de broches et de tout ce qu'ils purent, accoururent au secours de la ville. Ils y entrèrent en troupe et furent accueillis par les habitants comme de braves défenseurs.

Cette démonstration belliqueuse de la part des Cordeliers, quoique devenue vaine, faute d'ennemis à repousser, par suite de la retraite de la flotte du prince d'Orange, leur valut néanmoins la reconnaissance et les sympathies de la population viroise. Depuis lors, la prospérité du couvent alla croissant. Des donations, des fondations pieuses leur permirent d'effacer les traces de leurs désastres, de rendre leur monastère plus commodément habitable, d'achever de décorer leur église et de mettre en valeur les vastes dépendances du couvent.

Depuis ces époques de troubles religieux, les Cordeliers n'eurent plus recours qu'aux armes spirituelles pour défendre la foi. Plusieurs d'entr'eux se signalèrent par leur savoir, par leur talent oratoire comme prédicateurs. L'un d'eux, le père Boivin, mort en 1781, a laissé quatre tomes de théologie scolastique et des ouvrages de philosophie qui ont eu plusieurs éditions.

En 1731, Nicolas Goutard, curé de Neuville, donna sa bibliothèque aux Cordeliers ; elle se composait de 3,000 volumes et devait être ouverte au public les lundis et les jeudis, de huit heures à dix heures et de deux à quatre heures.

Les Cordeliers n'observèrent pas cette condition ; ils prêtèrent trop facilement à des habitants des livres de cette bibliothèque qui n'y sont jamais rentrés.

En 1760, ses caisses étant épuisées par des guerres sans fin, l'état fit un appel à la générosité des communautés religieuses, des nobles et du clergé, ou plutôt, il *exigea* des dons gratuits, de tous ceux q : passaient pour riches. Emprunt forcé non sujet à remboursement, auquel la noblesse et le clergé de Vire et des environs ne s'empressèrent pas de satisfaire ; c'est ce que prouve une lettre du contrôleur général à Fontette, intendant, par laquelle il demande la liste de ceux qui n'ont envoyé à la monnaie ni vaisselle ni argenterie.

Il dit que, de toute la noblesse de Vire et des environs, de Baudre seul a envoyé 35 marcs 3 onces 4 gros d'argenterie, et que, de tous les curés, de Combert de Linois, curé de Saint-Germain-de-Tallevende, seul, a envoyé l'argenterie de l'église.

De Fontette répond que la noblesse de Vire n'est pas riche ; que plusieurs nobles se sont ruinés au service du Roi ; que les communautés sont pauvres ; que leurs églises et notamment celles des Capucins et des *Cordeliers* ne possèdent aucun objet précieux en or ou en argent.

En 1789, les revenus de la communauté, en rentes, consistaient en 60 livres constituées par

M. de Montigny à la charge de 52 messes hautes ; 30 livres par M. de Campagnolles pour 14 messes hautes ; 18 livres par M. Huart pour 16 messes basses ; 23 livres 6 sols 8 deniers par M. Chesnel pour 32 messes basses ; 24 livres par M. de Pontmartin pour 52 messes basses ; 25 livres par M. Turgis pour 17 messes basses. M. de Couespel louait l'herbage 200 francs par an.

Les officiers municipaux faisaient aumône chaque année, au premier janvier, de 10 livres aux Cordeliers. Frérel, gardien, donna la dernière quittance en janvier 1789, à Feuillet, receveur du tarif.

Suzanne Deslandes, fondatrice de la chapelle Saint-Roch, dans les Monts de Blon, avait légué aux Cordeliers 50 livres. Jehan Deslandes, sieur d'Avilly, écuyer, leur avait donné 300 livres et leur avait constitué une rente de 50 livres pour un banc dans la chapelle Notre-Dame de leur église et le droit d'être inhumés, lui et ses descendants, à perpétuité, dans cette chapelle.

Les Cordeliers avaient trois chevaux ; un seul suffisait pour le service de la communauté, mais ils en tiraient un bénéfice en les louant aux habitants.

Dans le rude hiver de 1788 à 1789, pour donner de l'ouvrage aux indigents, la ville fit travailler à l'applanissement des rues du Neufbourg et Notre-Dame. Les Cordeliers louèrent à la ville deux chevaux et deux banneaux. — En 1790, sur requête présentée par de Thoury de la Corderie, lieutenant des Maréchaux de France, Boyvin de Croixmare, Lecoq, Drudes de Latour, ancien mousquetaire noir, Roussel de Fontenelle, conseiller rapporteur du point d'honneur, Lioult de la Baconnière, conseiller à la Cour des comptes ; Saillofest, Boyvin de Montigny, habitants de la rue du Neufbourg, à l'effet de l'abaissement de la rue devenue impraticable et sans issue pour les voitures et difficile même pour les chevaux par suite de l'abaissement de la rue Notre-Dame, la ville fit exécuter des déblais dont le devis s'élevait à 2,830 livres 18 sols. Les Cordeliers louèrent encore deux chevaux et deux banneaux pour ces travaux, moyennant trois livres par jour et la nourriture des deux chevaux.

Il ne restait plus qu'un vieux cheval dans

l'écurie, lorsqu'il fut procédé à l'inventaire du mobilier du couvent en 1792, — les deux autres ayant été vendus pour subvenir aux besoins de la communauté, n'y ayant plus de questes.

Les Cordeliers louaient aussi les pièces de leur maison qui ne leur étaient pas indispensables ; c'est ce que prouve la note suivante : — Le 4 mai 1744, payé au sieur Langevin, gardien des Cordeliers, 30 livres pour loyer, pendant un an et sept mois, de deux pièces pour loger les meubles de la ville à l'usage des troupes de 1741 à 1743.

Ces revenus, les produits de leurs jardins et de leur plant, ceux de leurs quêtes, les aumônes qui leur étaient faites, avaient suffi à l'entretien des frères, même alors que leur nombre était de plus de trente ; ces dernières ressources étaient éteintes et leur nombre n'était plus que de cinq lorsqu'ils durent quitter leur maison, que la Révolution venait de déclarer propriété nationale. Leur robe, comme celle des Capucins, comme celles des autres ordres religieux, après s'être encore mêlées un instant aux costumes du peuple, ne tardèrent pas à disparaître complètement.

Au nombre de ces cinq derniers Cordeliers était le frère lai Malo, devenu célèbre dans une tout autre carrière, celle des armes, à cette époque si fertile en de tels exemples de changements d'état et de fortune ; temps où le hasard créait ou détruisait inopinément les plus hautes positions.

Un journal du 3 avril 1795, donnait de cet ex-cordelier, un article biographique dont voici un extrait :

— Le citoyen Jacques Malo naquit à Sainte-Mère-Eglise, en Cotentin (1), le 10 février 1757, et passa ses premières années chez tous ceux qui voulurent bien le recevoir. Plus avancé en âge, il entra au service du meunier de Dampierre, et cette partie de son histoire a quelque rapport avec celle de l'Ane d'or d'Apulée. Peu de temps après, il fit connaissance avec un frère quêteur de Valognes, qui l'associa dans sa communauté à l'office de questeur, dont il fit profession le 9 septembre 1778. Il exerça utilement cet emploi pour les maisons de Valognes, de Bayeux et de

(1) La Biographie universelle dit qu'il naquit à Viro. C'est une erreur.

Vire jusqu'au moment de la suppression des ordres religieux. Il s'associa alors avec un pauvre imprimeur allemand, et, ayant monté une presse dans le Couvent des Cordeliers de Vire sous la direction des Jacobins de cette ville, dont Malo était un des principaux agents, ils imprimèrent d'abord les régl ments de la Société affiliée à celle de Paris, ensuite les affiches viroises et les pamphlets relatifs aux circonstances.

Les beaux esprits virois ayant cessé de fournir des articles à la presse de Malo, il se fit nommer trésorier de la Société des Jacobins de Vire. Il eut le premier l'idée de la tachygraphie pour publier les discussions de la Société. Mais ce tachygraphe n'ayant pas plus réussi que celui de Daunou, Malo brisa ses tablettes et prit l'épée. Le deuxième bataillon du Calvados fut le premier témoin de ses exploits. Mars le conduisit à l'armée du Nord où il ne brilla pas suivant ses désirs. Marié richement, il sut se faire des amis et des protecteurs. Il était commandant du 21e régiment de dragons, quand son mérite perça enfin à l'affaire du camp de Grenelle, en 1796. La découverte de la grande conspiration, qui devait entraîner la patrie à sa perte, lui valut le grade de général de la légion parisienne. Les ennemis du général Malo ont publié que c'était derrière des matelas qu'on avait découvert cette conspiration ; les royalistes ont dit que c'était derrière des fagots ; qu'il y avait beaucoup de fagots dans cette affaire et que Malo brûlerait un jour dans ses fagots comme Cyrille dans son taureau d'airain,.....

La *Lanterne magique republicaine* du mois de juillet 1799, au sujet de cette conspiration, disait :

— Ramel, ancien laquais (1), mais devenu général, avait pris pour collègue frère Malo. Ils imaginèrent d'attirer à l'école militaire M. de Lavilleheurnois, autrefois maître des requêtes, et l'abbé Brotier, mathématicien, devenu aventurier, vendu au Directoire, lesquels passaient pour commissaires des Princes. Il fallait un plan de conspiration royale entendue par des témoins qui ne fussent pas vus. Tout ceci s'exécuta par

(1) Ramel, né à Cahors en 1770, appartenait à une honorable famille de cette ville ; il était entré encore jeune dans l'armée royale.

des gendarmes cachés par des matelas, ce qui fit dénommer cette découverte : *La Conspiration des Matelas*. C'est donc ici le cas de dire : « Libera nos à Malo………… »

Ces notices biographiques, écrites par des contemporains, témoignent du peu d'estime qu'inspiraient alors ces deux personnages. Malheureusement pour Malo, l'histoire n'a fait que confirmer les causes de mépris où il était tombé. L'affaire Brotier et Lavilleheurnois eut un grand retentisssement, et le rôle que Malo y joua comme révélateur et dénonciateur d'une conjuration que lui-même avait ourdie, ou au moins, qu'il avait surprise et encouragée en s'y associant, lui valut le mépris de tous les partis, les reproches les plus sanglants de la part des incriminés et la haine implacable des royalistes. Le pouvoir, qu'il avait prétendu servir, ne lui en tint nul compte. Réformé en 1797, il fut bientôt oublié et mourut à Paris, obscur et ignoré, dans les premières années du Consulat.

Quant à Ramel, qui avait fait jouer à Malo, dans cette affaire, le rôle de *mouton*, comme on dit en terme de geôle, il ne profita pas mieux de la découverte de la conjuration. Le pouvoir passait fréquemment d'un parti à l'autre sous le Directoire ; l'un d'eux le déporta à Cayenne. Il parvint à s'en échapper avec quelques compagnons d'exil. Rentré en France, il servit le Consulat et l'Empire. La Restauration lui avait tenu compte de ses disgrâces sous le Directoire, de la mort de ses frères, guillotinés comme royalistes. Il était commandant de place à Toulouse en 1815, lorsque, le 15 août de cette année, alors que rien ne semblait lui présager un tel sort, il fut massacré dans son hôtel par une horde de *verdets*, poussés peut-être par le ressentiment de la conjuration du camp de Grenelle.

Les quatre autres Cordeliers qui, avec frère Malo, furent expulsés de leur couvent par la Révolution étaient : Ignace Noël, Hubert Noël, Antoine Bruyere, prêtres ; Lieven d'Aigremont, comme Malo, frère lai. Deux autres s'étaient retirés peu de temps auparavant.

Un état de situation des bâtiments et de leurs dépendances et un inventaire du mobilier furent dressés par une commission spéciale, composée des citoyens Hamel, Durocher, Saillofest et Delavente, chargés, en vertu de la loi du 10 septembre 1792, de procéder à ces opérations dans tous les établissements religieux de la ville.

Le mobilier du couvent était insignifiant. Partie appartenait aux frères qui l'emportèrent. Celui de l'église et de la sacristie était plus important. Aux deux côtés du chœur, régnait un double rang de belles stalles avec des figures de l'ancien et nouveau testament. Le maître autel, chef-d'œuvre de sculpture du XVI⁰ siècle, encadrait un tableau de la Sainte-Trinité ; deux autres autels, dans la nef, étaient ornés d'une Sainte Famille et d'un saint Antoine de Padoue ; dans une jolie chapelle, en face de la chaire, au-dessus d'un autel richement orné par la confrérie du scapulaire qui y avait été établie en 1665, un tableau représentait N.-D. du Mont-Carmel donnant le scapulaire à Simon Stock. Les murs de l'église étaient en outre décorés de plusieurs statues de saints et de tableaux, entr'autres : la Présentation, la Visitation, l'Annonciation et l'Assomption. Les vases sacrés, les croix, les lampes, les chandeliers, les ornements, tout le mobilier de l'église était plus précieux que ne l'étaient généralement ceux des ordres mendiants. Deux grands buffets renfermaient le linge, y compris celui de la chapelle Saint-Maur, desservie par les Cordeliers.

Le 17 décembre 1791, on enleva de l'autel de l'église des Cordeliers la pierre sacrée pour remplacer celle de Sainte-Anne qui avait disparu, et, en 1804, on transporta, dans la Chapelle-Neuve, à Notre-Dame, ce grand autel modifié et restauré. Le chapitre de Notre-Dame l'avait acheté de l'acquéreur du couvent.

En 1793, le Couvent servit d'hôpital aux militaires convalescents qui encombraient l'Hôtel-Dieu.

En 1795, vingt anciennes Ursulines de l'hospice Saint-Louis se réunirent au Couvent des Cordeliers, dont elles louèrent une partie. Elles y tinrent pendant quelques années un pensionnat de jeunes filles. Leur oratoire était dans la galerie du dortoir.

Le terrain des Cordeliers contenait environ 11,820 toises entourées de murs de tous côtés. Un autre mur le partageait en deux. La plus grande partie, de quatre acres et demie environ, était en herbage ; l'autre partie comprenait les jardins, une avant-cour, nommée le Grand Cimetière, plantée de quatre rangs d'arbres au milieu desquels se trouvaient quelques tombeaux, et un plant qui produisait annuellement de quatre à cinq tonneaux.

Le Couvent se trouvait dans ce plant. Il consistait, comme nous l'avons dit, en un quadrilatère formé d'une façade sur la vallée, de deux ailes et de l'église entourant un cloître de 70 pieds de longueur sur 60 de largeur. L'église, sise au nord, avait 114 pieds en dehors sur 30 pieds de largeur en dedans ; l'aile au sud avait 117 pieds de long sur 24 de large ; les ailes, à l'est et à l'ouest, 60 pieds sur 22 environ. A ces bâtiments en étaient accolés plusieurs autres à l'usage d'écurie, d'étable, de charreterie, de bûcher....

L'entrée principale était dans l'aile du nord. Un large vestibule donnait accès à l'église, au parloir et au cloître.

Dans l'aile au levant étaient un grand escalier en pierres, la sacristie contre le chœur de l'église, le pressoir et un passage du cloître au plant.

L'aile du midi, élevée sur cave et caveaux voûtés, comprenait un grand réfectoire et un plus petit pour l'hiver, séparés par la cuisine, un vestibule avec escalier de bois.

Dans l'aile à l'ouest étaient, au rez-de-chaussée, une grande salle où fut déposée la bibliothèque léguée à la ville par M. Tyrell, et où était déjà celle donnée par le curé de Neuville en 1731 (1); une autre pièce servait de bûcher.

Les dortoirs, douze chambres ou cellules, la bibliothèque où étaient les archives, titres de fondation, contrats de constitution de rentes au profit du Couvent, une salle de réunion, occupaient le premier étage, et, au-dessus de la sacristie d'en bas, une autre sacristie renfermait les objets les plus précieux de l'église, vases, ostensoirs, croix et ornements.

Le couvent fut vendu comme bien national en 1792.

. . . .

L'acquéreur négligea pendant quelque temps

(1) Notice sur la Bibliothèque de Vire, chez Barbot, imprimeur-libraire à Vire.

de s'en mettre en possession. Aussi, les bâtiments arrivèrent-ils bientôt à un grand état de délabrement. Les portes, brisées ou mal fermées, étant ouvertes à tout venant, les bibliothèques qui y étaient déposées eurent beaucoup à souffrir de l'abandon et du manque de surveillance où l'administration les laissait.

La rue des Cordeliers ayant été abaissée lors de l'établissement du chemin des Vaux, en 1789 (1), l'entrée du plant où était le couvent se trouvait d'un difficile accès.

Le 27 août 1793, l'administration municipale, sur la demande de l'acquéreur, fit déblayer l'entrée du couvent dans la rue des Cordeliers, et, lui-même, fit abaisser le sol de la première cour. Ces déblais conduits en partie au bout de cette rue y forment le belvédère qui domine la vallée.

En l'an II, sur la déclaration de Lepelletier, commissaire chargé de faire la liste des émigrés et l'inventaire de leurs biens, l'acquéreur du

____

(1) Il avait été entrepris en janvier pour donner de l'ouvrage aux pauvres valides dans le terrible hiver de cette année 1789.

Couvent des Cordeliers, ayant disparu depuis quelque temps, fut réputé émigré, ses biens furent affichés et publiés le 8 ventose, et ils allaient être remis en vente lorsqu'il se représenta.

Le 23 du même mois, la rue des Cordeliers fut nommée rue de la *Révolution* sur la demande de la 6e compagnie du 1er bataillon de la garde nationale. Le citoyen Roussel avait proposé qu'elle fut nommée rue de l'*Egalité*, mais ce nom fut donné à la rue du Neufbourg, habitée par des aristocrates.

Le 30 germinal, le citoyen Esnault, agent pour le salpêtre, établit ses ateliers aux Cordeliers.

Le 6 pluviose an III, le propriétaire demande qu'on débarrasse ses appartements de la bibliothèque qui s'y trouve.

Le 17 germinal, il se plaint des dévastations commises dans sa propriété par les cavaliers qui occupent les écuries. Il demande 600 livres pour le loyer de l'église convertie en écurie, de prairial an II à vendemiaire an III, 600 livres pour loyer des bâtiments où sont déposées les avoines de l'armée — qui pourraient être transportées dans le chœur de Notre-Dame; — c'était un moyen d'épargner à celle-ci les outrages plus grands dont elle était menacée par la Déesse-Raison.

Trois ans plus tard, commença la démolition de l'église des Cordeliers. Le couvent fut remplacé par une vaste maison, composée d'un principal corps de logis élevé d'un étage sur rez-de-chaussée, éclairés au midi, sur la vallée des Vaux, par vingt-deux croisées, et de deux ailes paral'elles, à l'est et à l'ouest.

La situation de cette habitation dominant les belles vallées de La Vire et de La Virène, ayant en perspective, d'un côté, leurs usines, leurs rochers, leurs futaies; de l'autre, le château, sa ruine et la ville en emphithéâtre, est une des plus pittoresques et des plus admirables du Bocage virois.

L'acquéreur de ce beau domaine en avait augmenté la valeur en plantant de pommiers l'herbage; en construisant sur la rue des bâtiments de loyers avec les matériaux de l'église. Un moulin à vent faisant marcher les roues d'un pressoir à cidre, avait été élevé sur le point culminant du plant ; ses ailes, ne donnant pas une marche régulière, ont été remplacées par un manége.

. . . .

— 1864. — L'ancien domaine des Cordeliers vient d'être abandonné aux Dames de la Miséricorde en échange, pour partie, de leur maison rue Notre-Dame et de leur jardin de la rue du Boischasson.

FIN.